Sigrun Rittrich-Dorenkamp

Mein Kanarienvogel und ich

Fotos: Monika Wegler
Zeichnungen: Renate Holzner

Geschichten: Gabriele Linke-Grün

Inhalt

Goldene Regeln für die Haltung

take care

Typisch Kanarienvogel

watch it

Vertrauen schaffen von Anfang an

love it

Kanarien erleben

Spiel und Spaß mit Kanarienvögeln

have fun

Glücklich und aktiv im Alter

old & happy

Goldene Regeln für die Haltung

Caruso ist, wie alle gesunden Kanarienvögel, fast immer in Bewegung. Kanarien brauchen als Heimtiere vor allem genügend Raum zum Fliegen und Artgenossen, um sich wohl zu fühlen. Außerdem sind die richtige Ausstattung des Vogelheimes, abwechslungsreiche Ernährung und sorgfältige Pflege Voraussetzung dafür, dass Ihre kleinen Sänger gesund und munter bleiben und Ihnen viel Freude machen.

take care

Die 10 Goldenen Regeln zur Ausstattung

1 Für zwei Kanarien sollte der ideale Käfig etwa 100 cm breit, 60 cm tief und 80 cm hoch sein.

2 Die Gitterstäbe können waagerecht oder senkrecht verlaufen und sind am besten dunkel beschichtet oder eloxiert.

3 Die Käfigform sollte rechteckig sein. Ungeeignet sind runde Käfige!

4 Eine hohe Bodenschale hält Einstreu, Futterreste und Federn zurück.

5 Sitzstangen aus Naturholzästen mit verschiedenen Durchmessern sorgen für wohltuende Fußgymnastik.

6 Einige Äste sollten federnd und schräg angebracht sein.

7 Mit frischen, ungiftigen Zweigen, z. B. von Obstbäumen oder Birken, und Blättern beschäftigen sich Kanarien sehr gern.

8 Mehrere Futterschälchen, Trinkwasserautomat, Schnabelwetzstein und Badegelegenheit sind ein Muss.

9 Der Käfigboden wird mit einer 1 bis 2 cm hohen Schicht Vogelsand bedeckt.

10 Stellen Sie das Vogelheim an einen ruhigen, hellen, zugluftfreien und erhöhten Standort, außerhalb der prallen Sonne.

take care

Die 10 Goldenen Regeln zur Ernährung

1 Eine Körnermischung für Kanarien ist das »tägliche Brot« und sollte immer frisch und ausreichend zur Verfügung stehen.

2 Auf das Haltbarkeitsdatum der Kanarienmischung achten: Altes Futter enthält kaum Vitamine.

3 Kanarien benötigen täglich Grünzeug, Salat, Obst, Gemüse oder Keimfutter.

4 Grünfutter vorher abwaschen und Obst und Gemüse in kleine Stücke zerteilen.

5 Gönnen Sie Ihren Kanarien alle zwei bis drei Tage im Wechsel etwas Ei- oder Weichfutter und Kolbenhirse.

6 Reste von Grünfutter, Obst, Keimfutter und Eifutter am Abend entfernen!

7 Mischen Sie Vitaminzusätze nach Anweisung in das Weichfutter.

8 Kanarien brauchen täglich frisches Trinkwasser.

9 Rote Kanarien verlieren ihre kräftige Farbe in der Mauser, wenn sie nicht spezielle Futterzusätze (Carotinoide) oder viel frisches Grün bekommen.

10 Grit, Sand, Erde, zerriebene gekochte Eierschalen und Sepiaschalen versorgen die Vögel mit Mineralien und Spurenelementen.

Die 10 Goldenen Regeln zur Pflege

take care

1. Badehäuschen oder Badeschale sollten immer mit sauberem Wasser gefüllt sein.
2. Futter- und Trinkgefäße sowie Badewanne täglich leeren, warm auswaschen und neu füllen.
3. Verwelktes Grünfutter und Obst täglich ersetzen. Kolbenhirse erst erneuern, wenn sie aufgefressen ist.
4. Gewähren Sie Ihren Kanarien jeden Tag mehrere Stunden Freiflug im Zimmer.
5. Beobachten Sie Ihre Vögel genau: Sind sie munter? Sitzt keiner tagsüber längere Zeit aufgeplustert auf dem Boden?
6. Kot und Futterreste von den Sitzstangen, Ästen, der Sepiaschale und aus dem Sand entfernen.
7. Ein- bis zweimal wöchentlich Vogelsand vollständig erneuern. Sandschuber heiß auswaschen. Käfig heiß abbrausen und dabei die Gitterstäbe kräftig bürsten.
8. Die Umgebung des Käfigs gründlich reinigen, damit sich keine Milben einnisten.
9. Zu lange Krallen oder langen Schnabel vom Tierarzt kürzen lassen.
10. Beschäftigen Sie sich ausgiebig mit Ihren Vögeln.

Typisch Kanarienvogel

Aus voller Kehle hat Caruso seiner Penny die schönsten Liebesarien vorgesungen und sie damit für sich gewonnen. Jetzt füttert er sein Weibchen mit Nahrungsbrei. So beschäftigt, darf der gelbe Rivale noch mit auf dem Blütenzweig sitzen. Doch er muss damit rechnen, gleich wieder von Caruso aus dem Revier vertrieben zu werden.

watch it

Vögel von den »Glücklichen Inseln«

Als die Spanier vor über 500 Jahren die Kanarischen Inseln eroberten und besetzten, entdeckten sie hübsche grüngelbe Vögel, die ganz zauberhaft sangen. Die Soldaten und Seeleute nahmen die kleinen Sänger mit heim und verschenkten sie als kostbare Rarität. Die »Goldvögelchen« von den »Inseln der Glückseligen«, wie die Kanaren seit der Antike auch genannt wurden, galten rasch als Symbol für Luxus. Die Preise stiegen so hoch, dass sich nur Reiche einen solchen Sänger leisten konnten.

Bald züchteten spanische Mönche die kleinen Sänger und betrieben einen schwungvollen Handel mit dem Nachwuchs. Unter ihrer Obhut entwickelten sich die ehemals wilden Kanariengirlitze hinter den Klostermauern allmählich zu zahmen Stubenvögeln. Damals begann der Siegeszug der hübschen Vögel zu einem der beliebtesten Heimtiere.

Tirol entwickelte sich schließlich zu einer Hochburg der Züchter. Die Vögel garantierten den armen Tiroler Bergarbeitern einen lohnenden Nebenerwerb und wurden für viele sogar zur Haupteinnahmequelle. Die Bergleute legten dabei ganz besonderen Wert auf einen schönen Gesang und intensive Farben. Sie züchteten aus den eher unscheinbaren Girlitzen gelbe und gescheckte und auch schon weiße Kanarien. Den schönsten Gesang aber lernten die jungen Kanarienhähne von Nachtigallen, die ihnen als Vorsänger präsentiert wurden.

Kanarienvögel lieben Blüten und Blumen. Caruso steht auf Mimosen.

Das Kuckucksnest

Seinen Namen hat mein Kanarienvogel-Männchen Caruso nicht umsonst mit dem berühmten italienischen Sänger gemeinsam. Caruso singt nämlich seinem Weibchen Penny wunderschöne „Arien“ vor. Dabei sitzt er gewöhnlich auf der Gardinenstange. Eines Tages beobachtete ich, wie er Penny mit seinem betörenden Gesang zu immer fleißigeren Taten anspornte. Heftig zupfte sie mit dem Schnabel an meinem Flokati-Teppich. Schließlich gelang es ihr unter beträchtlicher Anstrengung, ein Fädchen abzuzupfen. Dann beschäftigte sie sich eingehend mit meinem Trockenblumenstauß. Hatte sie etwa vor, ein Nest zu bauen? Im Käfig jedenfalls war keine Spur davon zu entdecken, also suchte ich systematisch das Zimmer ab, fand aber nichts „Verdächtiges“. Mich wunderte nur, dass Caruso jetzt immer auf meiner Schwarzwälder Kuckucksuhr saß und seine herzzerreißenden Lieder sang. Nicht einmal der hölzerne Kuckuck, der pünktlich zur vollen Stunde aus seinem Häuschen trat und mit schnarrender Stimme sein „Kuckuck, Kuckuck“ verkündete, konnte Caruso „bremsen“. Dann schaute ich mir meine Kuckucksuhr genauer an. Über dem Wohnsitz des Kuckucks gibt es einen kleinen Vorsprung, der mit einer hölzernen Blättergirlande umsäumt ist. Genau hier „thronte“ Penny auf ihrem fertigen Nest. Jetzt war ich also nicht nur stolze Besitzerin einer echten Kuckucksuhr, sondern hatte auch noch ein „Kuckucks“-Nest auf meiner Uhr.

Gefiederte Meistersänger

Viele der ehemaligen Tiroler Bergleute gingen nach Norden, als der Harz im 19. Jahrhundert zu einem Bergbauzentrum wurde. Natürlich brachten sie ihre Kanarienvögel mit und begannen im Harz eine systematische Zucht. Sie merkten schnell: Je schöner und strophenreicher die Vögel sangen, und je kräftiger das Gelb des Gefieders leuchtete, umso teurer konnten sie die Kanarien verkaufen. So behielten sie die besten Hähne als Vorsänger und verfeinerten den Gesang immer mehr. Tiefe wohlklingende Roll-Passagen mit »o« oder »u« im Lied der Vögel waren besonders beliebt. Daraus entstand der Begriff »Roller«. Der »Harzer Roller« oder »Edelroller« wurde weltberühmt.

Formen und Farben

Der gelbe kleine Sänger gilt zwar immer noch als der Inbegriff eines Kanarienvogels, aber heute gibt es die fast unvorstellbare Zahl von rund 130 Kanarienrassen und mehr als 500 verschiedenen Farbvarianten. Dabei werden drei Hauptzuchtrichtungen unterschieden: Gesangskanarien, Farbkanarien und so genannte Positurkanarien. Singen können sie natürlich alle, aber nicht alle haben eine so schöne Stimme wie die Harzer Roller. Das Interesse am Gesang dieser hübschen Vögel hat in den vergangenen Jahrzehnten nachgelassen. Dafür haben die Züchter ihr Augenmerk mehr auf besondere Farbschattierun-

So sind Kanarienvögel

- Kanarien sind Schwarmvögel und gehören zur biologischen Großfamilie der echten Finken und zur Gattung der Girlitze. Ihre Heimat sind die Kanarischen Inseln.
- Bei sachgerechter Haltung können Kanarienvögel 10 bis 15 Jahre alt werden.
- Kanarien sind friedliebend. Im Streitfall genügen meist Drohgebärden. Nur während der Brutzeit werden die Männchen untereinander zu Rivalen und brauchen dann Ausweichmöglichkeiten.
- Kanarien wurden in mehreren hundert Farbschlägen und sehr vielen verschiedenen Rassen und Gestalten gezüchtet.
- Kanarien gibt es in unterschiedlichen Größen: Je nach Rasse messen sie von 11 bis 23 Zentimeter Länge.
- Kanarien sind gute Flieger und brauchen täglich mehrere Stunden Freiflug oder eine große Voliere.
- Mit ein wenig Geduld werden Kanarien sehr zutraulich.

gen und die Gestalt gerichtet. Es gibt so genannte glatte, gebogene oder frisierte Rassen.
Über tausende von Generationen haben sich die bunten Vögelchen der Lebensform als Heimtier und den klimatischen Bedingungen bei uns glänzend angepasst. Aber trotz allem haben sie die Verhaltensweisen ihrer wilden Artgenossen beibehalten. Und dem sollten Sie so weit wie möglich Rechnung tragen, damit sich die Kanarien so richtig wohl bei Ihnen fühlen können.

Kanarien in ihrer Heimat

Auf den Kanarischen Inseln gibt es auch heute große Scharen der kleinen Sänger. Allerdings sind die wild lebenden Verwandten viel unscheinbarer als unsere gezüchteten Heimvögel. Doch so sind die Kanariengirlitze bestens getarnt: Zwischen Blättern, Zweigen und Blüten fallen sie mit ihrer braungrauen Zeichnung im grünlich-gelben Gefieder kaum auf. In Schwärmen von 50 und mehr Vögeln streichen sie vom Sommer bis zum Winter im schnellen, welligen Flug über die offenen, mit Büschen und Bäumen durchsetzten Landschaften. Die Kanarien bewohnen den Raum von der Meeresküste bis in fast 2000 Meter Höhe. Sie ziehen weit umher und halten überall Ausschau nach Leckerbissen: Zur Erntezeit fallen sie auch gerne in Obstplantagen und Gärten ein und lassen sich Beeren, Obst und Feigen schmecken.

»Dieses Körbchen ist schon besetzt und die Leckereien habe ich mir ergattert. Flieg' woanders hin!«

TIPP vom ZÜCHTER

Verantwortungsvolle Züchter geben ihre Kanarien erst nach der Jugendmauser im Herbst ab, also im Alter von 4 bis 6 Monaten. Dann kommt der Nachwuchs ohne die Eltern zurecht. Umstellungen während der anstrengenden Mauserzeit können bei den Vögeln zu Problemen führen.

Der Golfstrom sorgt dafür, dass es in ihrer Heimat nie zu heiß oder zu kalt wird. Die Temperaturen bei Tag schwanken im Jahresverlauf zwischen 21 und 29 °C. Nachts sinken sie im Durchschnitt nur um 5 °C. Man findet die kleinen Sänger auf Gran Canaria, Teneriffa, Gomera, La Palma und Hierro. Kanarien haben sich außerdem auf dem benachbarten Madeira und den Azoren angesiedelt, die zu Portugal gehören, sowie auf den Kapverdischen Inseln.

Hauptnahrung sind das ganze Jahr über allerlei öl- und mehlhaltige Sämereien in verschiedenen Reifestadien. Im Frühjahr knabbern die Vögel zusätzlich an frischen Blatt- und Blütenknospen. Zum Ende des milden Winters lösen sich die Schwärme auf. Obwohl das Leben im Schwarm seinen Mitgliedern mehr Sicherheit gibt, brüten die Kanarien nicht in der Kolonie. Ältere Paare, die bereits Junge aufgezogen haben, suchen manchmal ihre alten Nester auf. Die Jungvögel tragen inzwischen auch schon ein Erwachsenen-Federkleid und gehen auf Brautschau.

➜ Das tut Ihren Kanarien gut: Halten Sie nie einen einzelnen Vogel, sondern immer mindestens ein Paar. Wenn Sie genug Platz für eine Voliere haben, ist es noch schöner für die geselligen Tiere, mit weiteren Artgenossen in einem kleinen Schwarm zu leben.

Nachwuchs geplant

Geeignete Brutplätze sind gar nicht so leicht zu finden: Bevorzugt wird ein einzelner Baum oder größerer Busch. Unentbehrlich ist ein Ast in zwei bis drei Meter Höhe, der als Singwarte dient. Von hier aus lässt der Kanarienhahn sein Lied erklingen und legt damit seine Revierschallgrenzen fest.

Im Februar oder Anfang März beginnt die Brutzeit. Jetzt wirbt das Männchen vom Morgengrauen bis zum Sonnenuntergang mit ausdauerndem Gesang um ein Weibchen und versucht gleichzeitig, die Rivalen abzuhalten. Manchmal werden Konkurrenten auch mit Schnabelgefechten und wilden Verfolgungsflügen vertrieben. Diese Verhaltensweise zeigen unsere Heimkanarien genauso: In engen Käfigen kommt es in dieser Zeit zu recht heftigen Auseinandersetzungen zwischen den sonst so friedlichen Männchen (→ Seite 35).

Während des Balzfluges singt das Männchen fast ununterbrochen. Die Henne flattert mit einem Federchen oder einem Grashalm im Schnabel aufgeregt umher und lässt manchmal zarte Lockrufe hören. Das Männchen verwöhnt sie mit etwas Nahrungsbrei aus seinem Kropf. Wenn das Weibchen paarungsbereit ist, fordert es den Hahn zur Begattung auf. Es duckt sich mit zitternden Flügeln und hebt den Schwanz leicht hoch. Der Hahn bemüht sich, in ihrem Rückengefieder Halt zu finden und dabei mit kräftigen Flügelschlägen die Balance zu halten. Kurz nach dem Liebesakt tauschen beide zarte Zwitschertöne aus. Erst jetzt beginnt das Weibchen mit dem Nestbau. Er unterstützt es mit hingebungsvollen Arien. Je schöner er singt, umso eifriger flicht es das napfförmige Nest aus Gräsern, Halmen, dünnen Zweigen, trockenem Laub und Moos. Schließlich polstert es das Nest mit Federn und wolligen Fasern weich aus. Bei den Bauarbeiten selbst hilft er ihr nicht. Manchmal schafft er aber Material herbei. Rund eine Woche nach dem Liebesspiel legt das Weibchen dann das erste hellblaue, zart ge-sprenkelte Ei in das Nest. Jeden Morgen folgt ein weiteres, bis das Gelege mit vier bis sechs Eiern vollständig ist. Dann erst beginnt die Brut. Ab jetzt füttert der Hahn sein Weibchen, damit es das Nest nicht zu oft verlassen muss, löst es jedoch beim Brutgeschäft nicht ab.

Die Küken schlüpfen

Nach 13 bis 14 Tagen schlüpfen die Jungen. Mit einer kleinen Erhebung an der Spitze des Oberschnabels, dem so genannten »Eizahn«, bricht das Junge die Eischale von innen auf. Die Vogelkinder sind anfangs fast nackt und halten die Augen geschlossen.

Balzzeit: Mit wilden Luftkämpfen und Imponiergehabe versuchen diese konkurrierenden Männchen den Rivalen zu vertreiben.

Das Vogelparadies

Meine Freundin Marietta liebt ausgefallene Hüte. Die letzte Kreation, die sie trug, war dunkelblau, groß wie ein Wagenrad und mit überdimensionalen zartrosa Stoffblüten dekoriert. Ausnahmslos alle Menschen, die uns während unseres Spaziergangs begegneten, starrten Marietta an. Aber auch das gefiel Marietta. Heute erwartete ich sie zum Kaffee. Punkt drei Uhr klingelte es. Den Kaffeetisch hatte ich bereits liebevoll gedeckt, und mein selbst gebackener Kuchen war ein Meisterwerk geworden. Schon mehrmals musste ich Caruso und Penny vom Tisch vertreiben, denn sie schätzten meinen Kuchen mehr als mir lieb war. Im schicken Kostüm – und natürlich mit Hut – stand Marietta vor der Tür und umarmte mich herzlich. Dabei kullerte bereits die erste Kirsche von ihrem Hut. Der Hut war wieder einmal eine kleine Sensation – ein Strohhut, der mit allerlei echtem Obst und Gräsern geschmückt war. „Weißt du, mir war eben nach Natur“, meinte Marietta, „und da habe ich einfach meinen Garten geplündert.“ Als Marietta im Sessel Platz genommen hatte und meine beiden Kanarien sahen, welche Leckerbissen da „hereingeschwebt“ waren, stürzten sie sich begeistert auf Mariettas Hut. Doch Mariettas spitzer Schrei vertrieb die beiden erst einmal aus dem Paradies. Glücklicherweise hat meine Freundin viel Humor. Nach dem ersten Schreck lachte sie, nahm ihren Hut ab, legte ihn auf den Tisch und überließ die Dekoration Penny und Caruso.

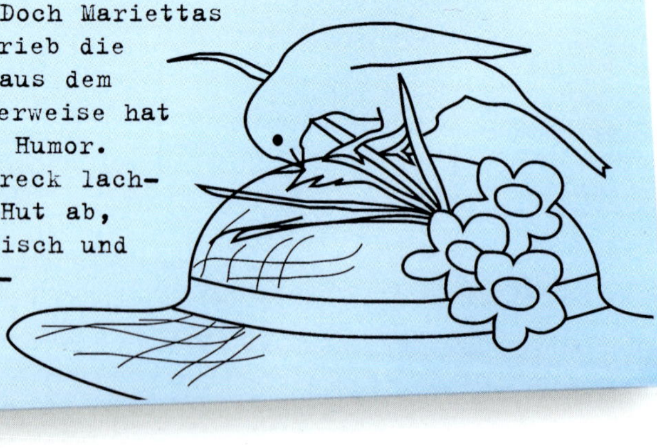

Der Vogelvater hat nun die Aufgabe, genügend Nahrung für alle herbeizutragen. Er füttert weiterhin die Vogelmama und sie stopft mit dem doppelt vorverdauten Nahrungsbrei die immer hungrigen Schnäbel der Kleinen. In den ersten Tagen verlässt die Mutter das Nest kaum. Bald füttert aber auch das Männchen seine Kinder selbst – mit dem Körnerbrei, den es aus dem Kropf hervorwürgt. Während der Aufzucht-Phase benötigen Kanarien viel tierisches Eiweiß.

Die Jungen wachsen erstaunlich schnell. Innerhalb von nur 15 Tagen hat sich das Federkleid fast vollständig gebildet. Sie verlassen nun bald das Nest, werden aber noch etwa zehn Tage lang von den Eltern gefüttert. Oft übernimmt jetzt der Vater alleine die Versorgung der Jungen und bringt ihnen bei, auf Nahrungssuche zu gehen und selbstständig zu fressen. Die Kanarienmutter beginnt währenddessen bereits die zweite Brut. Wenn die Witterung gut ist, folgt darauf oft noch eine Dritte. Nach der Brutzeit gesellen sich die Kanarien und der Nachwuchs wieder zu größeren Scharen und Schwärmen zusammen.

➜ Das tut Ihren Kanarien gut: Ihre Vögel sollten nicht mehr als zweimal hintereinander brüten, denn sonst könnte das Weibchen vor Erschöpfung sterben. Nehmen Sie einfach alle Nistmaterialien und Nestunterlagen aus dem Käfig, wenn die Jungen flügge sind.

Mit allen fünf Sinnen

Für ihre Orientierung in der Umwelt brauchen Kanarien in erster Linie das Auge.

Sehen: Kanarienvögel orientieren sich vor allem mit Hilfe ihrer verhältnismäßig großen Augen, die seitlich am Kopf liegen. Das Gesichtsfeld ist dadurch sehr weit: Kanarien können einen Bereich von rund 300° überblicken. Sie sehen, was

Kanarien sind hervorragende Flieger. Sie brauchen täglich mehrere Stunden Freiflug.

vor ihnen, seitlich und schräg hinter ihnen passiert. So erkennen sie frühzeitig auch Feinde, die sich von hintern nähern. Kanarien sehen viel schneller als wir: Sie können über 100 Bilder pro Sekunde verarbeiten – gegenüber nur 16 Bildern pro Sekunde beim Menschen. Die kleinen Sänger nehmen ihre Umwelt auch farbig wahr. Aber im Dunkeln können sie nichts mehr erkennen.

➜ Das tut Ihren Kanarien gut: Nähern Sie sich Ihren Lieblingen nie von oben. Sie hätten das Gefühl, dass sich ein Raubvogel auf sie stürzt. Der Käfig steht am besten in Augenhöhe.

Hören: Das Gehör der Kanarien ist gut ausgeprägt. Sie sind in der Lage, Tonfolgen zu unterscheiden, im Gedächtnis zu speichern und wiederzugeben. Deshalb können sie lernen, besonders schön zu singen, andere Vögel nachzuahmen, aber auch fremde Geräusche in ihren Gesang aufzunehmen.

Gleichgewichtssinn: Sehr empfindlich ist das Gleichgewichtsorgan mit Sitz im Innenohr. Ohne Probleme gelingt es den Kanarien, selbst auf ganz dünnen Zweigen und in der Luft Balance zu halten. Außerdem verfügen die Vögel über einen Vibrationssinn in den Beinen mit dem sie feinste Schwingungen registrieren können.

➜ Das tut Ihren Kanarien gut: Bringen Sie einen schaukelnden, schwankenden Zweig im Käfig an, aber stellen Sie den Käfig selbst erschütterungsfrei auf.

Riechen und Schmecken: Der Geruchssinn ist bei Kanarien vermutlich nur schwach entwickelt. Die Kanarien suchen ihre Nahrung offenbar in erster Linie über die Augen aus. Ob sie wirklich

Die interessanten Verhaltensweisen von Kanarien können Sie am besten beobachten, wenn Sie mehrere der kleinen Sänger gemeinsam halten.

geeignet ist, darüber entscheiden Tastkörperchen an den Schnabelrändern. Ob etwas süß, sauer, bitte oder salzig schmeckt, können Kanarien aber offensichtlich unterscheiden.

Typische Verhaltensweisen

Kanarien verständigen sich nicht nur mit ihrer schönen Stimme, sondern auch über Gesten und Bewegungen mit ihren Artgenossen.

Schnabel am Sitzast abstreifen: Der Kanari reinigt und wetzt so nach und zwischen dem Fressen und Trinken seinen Schnabel. Gleichzeitig dient dieses Zeremoniell aber der Verständigung mit den anderen – sowohl als Beschwichtigung wie auch als Zeichen, dass man sich einig ist. Manchmal ist es auch eine Verlegenheitsgeste.

Aufsperren des Schnabels: Erwachsene Kanarien drohen mit geöffnetem Schnabel und abgespreizten Flügeln, wenn sie sich zanken. Meist reicht diese Drohgebärde aus, um klare Verhältnisse zu schaffen.

Außerdem hecheln Kanarien mit geöffnetem Schnabel, um sich Kühlung zu verschaffen. Die Jungvögel fordern mit dem weiten Aufsperren ihres Schnabels die Eltern auf, sie zu füttern.

Schnäbeln: Als Zeichen großer Zuneigung schnäbeln Kanarien miteinander. Bei der Brautwerbung und während der Brutzeit füttert der Hahn dabei das Weibchen. Manchmal schnäbelt ein Männchen auch mit anderen männlichen Artgenossen.

TIPP vom TIERARZT

In der Brutzeit benötigen Kanarien viel tierisches Eiweiß und frisches Grünzeug. Statt Insekten können Sie Ihren Vögeln ein handelsübliches Aufzuchtfutter geben, dem Sie noch Vitamine und Mineralien, einige Tropfen gutes Öl, etwas hart gekochtes Ei und geriebene Möhren untermischen.

Abspreizen der Flügel: Zusammen mit einem geöffneten Schnabel ist das eine Drohgebärde oder Imponiergehabe. Kanarien spreizen aber auch einen Flügel ab, um sich zu strecken, fast immer zusammen mit dem Bein der gleichen Seite. Bei großer Hitze heben sie beide Flügel, um sich besser Abkühlung zu verschaffen.

Aufgeplustertes Gefieder: Wenn Ihr Kanari zum »Federball« wird, kann das ein ganz normales täglich wiederkehrendes Verhalten sein. Manchmal sollte dies aber Ihre höchste Alarmbereitschaft auslösen. Ist der Kanarienvogel ganz entspannt, döst er vor sich hin oder schläft er, so ist sein Gefieder fast immer aufgeplustert. Er hält damit die Wärme und drückt seine Behaglichkeit aus. Auch wenn es ihm zu kalt ist, plustert sich der Kanari auf. Andererseits sitzt auch der kranke Vogel meist aufgeplustert. Das wäre dann ein Alarmzeichen. Sie können aber beruhigt sein, wenn der Vogel dabei auf einem Bein sitzt und entweder schläft oder offensichtlich Anteil an seiner Umwelt nimmt. Alarmiert sollten Sie dagegen sein, wenn er auf beiden Beinen zusammengekauert und mit halbgeschlossenen Augen teilnahmslos auf der Stange oder sogar auf dem Boden hockt. Dann ist Ihr Liebling krank.

Kopf ins Gefieder gesteckt: Beim Schlafen verstecken die Sänger ihren Kopf im Rückengefieder. Sie sitzen meist einbeinig auf der Stange. Am Tage schlafen gesunde Kanarien selten. Dann kann das Verstecken des Kopfes in den Federn ein Krankheitszeichen sein.

Gefieder eng angelegt: Wenn es den Kanarien zu heiß wird, legen sie manchmal die Federn ganz eng an, ebenso, wenn sie sich heftig erschrecken oder Angst haben.

Köpfchen schief halten: Der Kanarienvogel ist neugierig, beobachtet etwas über bzw. unter sich, möchte vom Partner gekrault werden oder versucht, auf sich aufmerksam zu machen.

Schütteln des Gefieders: Nach dem Baden und Putzen schüttelt der Kanari seine Federn auf und entfernt so Staub-, Schmutz- und Wasserreste.

Hacken mit dem Schnabel: In seltenen Fällen attackieren sich die Streithähne mit dem Schnabel. Bei Dauerstreit sollten sie getrennt werden.

Zielsicher steuern Kanarien mit Hilfe ihrer Schwung- und Steuerfedern auf den ausgewählten Landeplatz zu.

Wie gut kennen Sie Ihre Kanarienvögel?

Um Kanarienvögel artgerecht halten und verstehen zu können, sollten Sie sich mit dem Wesen dieser munteren und zutraulichen kleinen Finken vertraut machen. Wie viel Sie bereits über Ihre gefiederten Freunde wissen, verrät Ihnen dieser Test:

	JA	NEIN
1 Müssen Kanarienvögel einzeln gehalten werden, damit sie ausdauernd schön singen?	○	○
2 Singen sowohl die Männchen wie die Weibchen?	○	○
3 Essen Kanarien nur Körner?	○	○
4 Bauen die Kanarienmännchen das Nest?	○	○
5 Brüten Kanarien in Höhlen?	○	○
6 Sind Männchen und Weibchen an der Farbe ihres Federkleides zu unterscheiden?	○	○
7 Lösen Kanarien Streitigkeiten meist friedlich?	○	○
8 Genügt den kleinen Sängern ein kleiner Käfig?	○	○
9 Sollten Sie die jungen Kanarien schon im Alter von drei Wochen kaufen?	○	○
10 Können entflogene Kanarien in unseren Breiten draußen überleben?	○	○
11 Brauchen Kanarien eine Badegelegenheit?	○	○
12 Können Kanarien im Dunkeln sehen?	○	○

Auflösung: 1 = nein; 2 = nein; 3 = nein; 4 = nein; 5 = nein; 6 = nein; 7 = ja; 8 = nein; 9 = nein; 10 = nein; 11 = ja; 12 = nein.

Vertrauen

Liebe geht auch bei Penny und Didi durch den Magen. Karin hat ihre beiden Kanarienvögel mit leckerer Kolbenhirse und Feldsalat »verführt«. Schnell verloren sie so die Scheu vor Karins Nähe.

schaffen

von Anfang an

love it

TIPP vom THERAPEUTEN

Ihre Kanarienvögel kaufen Sie am besten am Vormittag und bringen sie dann auf dem schnellsten Weg nach Hause. Nun haben die Vögel genug Zeit, ihr neues Heim in aller Ruhe zu erforschen. Denn sobald es dunkel wird, sehen Kanarienvögel nichts mehr.

So fühlt ein Kanarienvogel

Um nachempfinden zu können, wie ein Tier fühlt, ist es immer ratsam, es in seiner natürlichen Umgebung genau zu beobachten. In der Natur sind Kanarienvögel an eine fast unbegrenzte Freiheit gewöhnt. Feinden können sie sich jederzeit durch schnelle Flucht entziehen. Anders ist es, wenn ein Vogel in einen Käfig eingesperrt ist und nicht die Möglichkeit hat, bei einer Bedrohung rasch davonfliegen zu können. Auch ohne die Psyche eines Kanarienvogels genauer zu kennen, ist es leicht nachvollziehbar, dass diese Situation großen Stress auslösen kann, und welche Not ein freiheitsgewohntes Tier in Gefangenschaft leidet. Es hat Angst und fühlt sich sehr einsam. Allerdings haben sich Kanarienvögel im Laufe der langen Domestikation so sehr an den Menschen als Partner gewöhnt, dass sie auch bei einem Leben in begrenzten Räumen – wie einem Zimmer oder einer Voliere – nichts zu vermissen scheinen und im Vergleich zu anderen Finken wenig scheu sind. Sie kehren freiwillig in ihren Käfig zurück und fliegen oft selbst dann nicht weiter weg, wenn sie die Möglichkeit dazu hätten.

Trotz ihres langen Zusammenlebens mit den Menschen ist ihr Verhalten aber ganz und gar »vogelig« geblieben, und sie haben immer noch die gleichen intuitiven Verhaltensweisen wie ihre wilden Verwandten. So haben sie eine angeborene große Angst davor, ergriffen zu werden. Nähert sich ihnen ein Schatten oder gar eine Hand von oben, fürchten sie ein Raubtier. Auch bei plötzlichen Bewegungen, lauten Geräuschen oder Türenknallen erschrecken sie sich. Sie sind immer sehr vorsichtig, vielleicht sogar etwas ängstlich.

Tipps für das Eingewöhnen

Wenn Sie den jungen Kanarienvogel kaufen, wird er beim Zoofachhändler oder Züchter aus einem Schwarm von Artgenossen gerissen, mit denen er sich wahrscheinlich gerade ein wenig angefreundet hat. Die Reise in einen neue Welt tritt ein Kanari in einer kleinen Faltschachtel aus Pappe mit Luftlöchern an. Darin ist es dunkel, er kann sich kaum bewegen, er wird geschüttelt und weiß nicht, was mit ihm passiert. Können Sie sich vorstellen, dass er große Angst hat? Ist ein Artgenosse dabei, ist er sicher nicht ganz so verzweifelt. Die Schachtel hat jedoch den Vorteil, dass der Vogel darin ruhig sitzen bleibt und nicht so verletzungsanfällig ist wie in einem Käfig. Bringen Sie den Karton samt Inhalt so schnell wie möglich nach Hause. Zu Hause muss der Käfig schon am richtigen Platz stehen und fertig eingerichtet sein. Ganz dicht vor der geöffneten Käfigtür machen Sie die Schachtel vorsichtig so auf, dass den Vögeln nur der Weg in den Käfig bleibt. Sie dürfen auf keinen Fall in die Schachtel greifen! Ihre neuen Hausgenossen würden sonst dauerhaft Angst vor Ihren Händen bekommen. Normalerweise hüpfen die Kanarien schnell aus ihrem dunklen Gefängnis ins Helle. Es wird nicht lange dauern, bis die Vögel ihre neue Umgebung erobern. Selbst nach dem Schock des Transports hüpfen sie meist schon nach wenigen Minuten neugierig von Ast zu Ast, naschen vom Futter und putzen sich. Geben Sie den Vögeln Zeit, sich mit ihrem künftigen Heim vertraut zu machen, halten Sie am ersten Tag Abstand vom Käfig und vermeiden Sie alles, was die Tiere beunruhigen könnte.

Kinder und Kanarien

Kinder lieben Tiere. Sie entwickeln zu Tieren eine tiefe Zuneigung, lernen, auf andere Lebewesen einzugehen und sich in sie hineinzufühlen, sorg-

Wunschzettel des Kanarienvogels

Das mag er:

1. Die Gesellschaft von Artgenossen.
2. Einen großen rechteckigen Käfig und viel Freiflug.
3. Mehrmals täglich ausgiebig baden.
4. Viel Grünzeug, Kolbenhirse, frische Zweige mit Knospen oder Blättern, Eifutter.
5. Federnde Naturholzäste als Sitzstangen.
6. Erhöhte Singwarten im Zimmer, von wo aus er sein Lied trällern kann.
7. Eine ruhige Umgebung und liebevolle Menschen.
8. Klassische Musik empfindet er als angenehm.

Das mag er nicht:

1. Alleinsein.
2. Eingesperrt in einem kleinen Käfig zu sein, fehlende Bewegung, kein Freiflug.
3. Einseitige Ernährung ohne Vitamine.
4. Gift in der Atemluft (z. B. Teflondämpfe, Zigarettenqualm) oder im Futter.
5. Pralle Sonne oder Zugluft.
6. Verschmutztes Trinkwasser und mangelnde Hygiene.
7. Katzen und andere Heimtiere, von denen er gejagt wird.
8. Erschütterungen, Türenknallen, Lärm.

Die beiden Jungkanarien streiten sich um den besten Platz auf dem freihängenden Weidenkranz, der mit mit leckerem Portulak bestückt ist.

sam mit ihnen umzugehen und Verantwortung für sie zu übernehmen. Eigene Tiere fördern die soziale Bildung der Kinder ganz wesentlich. Andererseits machen sich Kinder meist keine Vorstellungen davon, dass Tiere auch viel Arbeit bedeuten und nicht wie ein Teddy oder Tamagotchi einfach für Wochen weggelegt werden können, wenn sie keine Lust mehr haben, sich mit den Tieren zu beschäftigen.

Eltern können ihre Kinder aber dazu erziehen, sich ihrem Alter entsprechend regelmäßig um ihre Pfleglinge zu kümmern. Allerdings sind Kanarienvögel nicht für jede Altersgruppe geeignet. Vor allem kleine Kinder möchten mit ihren Tieren schmusen. Auch wenn zahme Vögel ihrem menschlichen Freund auf die Hand oder Schulter fliegen und an seinen Haaren zupfen, ist ein Kanarienvogel kein Kuscheltier. Das Kind muss zum Beispiel lernen, dass es Kanarien niemals mit der Hand festhalten darf und dass es viel Geduld braucht, bis es einen solchen Vogel mit dem Finger kraulen darf. Bis etwa zehn Jahre helfen Kinder schon bei der täglichen Fütterung und Pflege und übernehmen – je nach Entwicklung – einzelne Aufgaben. Im Alter von über zehn Jahren kann ihnen meist die selbstständige Versorgung anvertraut werden. Allerdings sollten die Eltern die Betreuung der Vögel unbedingt überwachen und Keim- oder Eifutter lieber selbst zubereiten.

Franzi lernt Kanarisch

Hansi und Franzi, die beiden Wellensittiche meiner Freundin Elisabeth, waren seit einer Woche meine Feriengäste. Elisabeth weilte am Meer, hatte aber schon fünfmal angerufen, um sich nach ihren Lieblingen zu erkundigen. Franzi ist ein kleines Sprachgenie. Er plappert so ziemlich alles nach, was er hört. Hansi dagegen beherrscht einzig und allein die Wellensittich-Sprache. Ich stellte den Käfig samt Hansi und Franzi in die Nähe von Pennys und Carusos Käfig. Die Vögel sollten sich sehen und miteinander unterhalten können. Gemeinsamen Freiflug konnte ich ihnen leider nicht gewähren, denn Hansi und Franzi sind ungefähr doppelt so groß und doppelt so schwer wie meine zarten Kanarienvögel, und sie könnten meinen beiden mit ihren starken Schnäbeln gefährlich werden. Doch natürlich durften auch Franzi und Hansi ihre Flugrunden im Zimmer drehen, Caruso und Penny mussten dann eben während dieser Zeit in ihrem Käfig bleiben. Schon vorgestern war mir aufgefallen, dass Franzi bei seinen Freiflügen mit Vorliebe direkt vor dem Käfig meiner beiden Kanarienvögel landete. So auch heute. Caruso saß auf der Sitzstange und trällerte seiner Penny gerade ein Liedchen vor. Da fiel Franzi plötzlich in Carusos Gesang ein. Er konnte doch tatsächlich „kanarisch" zwitschern. Penny hüpfte aufgeregt im Käfig umher. Wen von den beiden sollte sie denn nun erhören?

Vertrauen aufbauen Schritt für Schritt

In der ersten Nacht nach der Ankunft Ihrer neuen Mitbewohner ist es gut, eine kleine Lampe brennen zu lassen. Da Kanarien im Dunkeln nichts sehen, könnten sie sich in dem neuen Käfig womöglich verletzen. Am nächsten Morgen begrüßen Sie Ihre Pfleglinge mit ruhigen, freundlichen Worten. Bringen Sie ihnen gleich frisches Futter und Wasser und einen Leckerbissen. Ganz besonders begehrt sind frisches Grün wie Löwenzahn, aufgekeimte Körner oder ein Zweig mit frischen Knospen. Hantieren Sie ohne Hast ganz ruhig am oder im Käfig und sprechen Sie leise und beruhigend auf die Vögel ein. Versuchen Sie nicht, sich den Vögeln mit der Hand zu nähern! Vermeiden Sie unbedingt alles, was den Vögeln Angst machen könnte. Bis Ihre Kanarien handzahm werden, müssen Sie viel Geduld und Einfühlungsvermögen aufbringen. Gehen Sie ohne Stress zu Ihren Kanarien. Versuchen Sie niemals, einen Vogel mit Gewalt zu »überzeugen«. Wenn Sie ihn festhalten, bekommt er Todesangst und kann an Herzversagen sterben.

Solch einem leckeren Landeplatz kann auch Penny nicht widerstehen.

Freunde oder Streithähne?

Kanarienvögel streiten sich kaum ernsthaft. Von März bis Juli, wenn die Kanarien in Brutstimmung kommen, verteidigen die Männchen aber ihr Revier und ihr Weibchen oft heftig, und sogar die Weibchen werden manchmal kampflustig. Die unterlegenen Vögel müssen dann die Möglichkeit haben, auszuweichen. Leben die Kanarien nicht in einer großen Voliere, ist es erforderlich, die Streithähne zu trennen und (paarweise) in einzelnen Käfigen unterzubringen. Am einfachsten ist es, nur ein einzelnes Pärchen zu halten. Allerdings mögen sich nicht alle Männchen und Weibchen auf Anhieb. Manchmal hilft hier eine vorübergehende Trennung. Wenn nicht, ist es besser einen neuen Vogelpartner auszusuchen.

Der Partner-Test

	Kanarien	Wellensittich	Exoten	Papageien	Kaninchen	Ratte	Hund	Katze
Kanarien	♥	☺ 💣	♥	💣	≈	💣	☺ 💣	💣
Wellensittich	☺ 💣	♥	☺ 💣	☺ 💣	☺	💣	☺ 💣	💣
Exoten	♥	☺ 💣	♥	💣	≈	💣	☺ 💣	💣
Papageien	💣	☺ 💣	💣	☺ ♥	☺	💣	☺ 💣	☺ 💣
Kaninchen	≈	☺	≈	☺	♥ 💣	💣	☺ 💣	☺ 💣
Ratte	💣	💣	💣	💣	💣	♥	☺ 💣	💣
Hund	☺ 💣	☺ 💣	☺ 💣	☺ 💣	☺ 💣	☺ 💣	♥	☺
Katze	💣	💣	💣	☺ 💣	☺ 💣	💣	☺	☺ ♥

♥ Vertragen sich bestens — 💣 Mord und Totschlag — ≈ Sind sich schnuppe — ☺ Aneinander gewöhnen

4 Der erste Ausflug

Hat sich der Kanarienvogel an Ihre Nähe gewöhnt, kann der erste Freiflug im Zimmer gewagt werden. Auf einem Landeplatz, der mit leckerem Futter bestückt ist – wie hier ein Zweig mit Kolbenhirse und frischem Löwenzahn – wird das vorsichtige Annähern in fremder Umgebung erneut trainiert. Wie viel Nähe der Vogel dabei zulässt, bestimmt er.

5 Freundschaft aufbauen

Ist dem Vogel seine Umgebung ausreichend vertraut und hat er Ihre Nähe beim Füttern akzeptiert, landet er sogar gelegentlich schon auf Ihrem Kopf oder Ihrer Schulter, können Sie ein vorsichtiges Anfüttern mit der Hand probieren. Den leckeren Löwenzahn ohne hektische Bewegungen und stets von unten her anbieten und warten, bis der Vogel daran knabbert.

6 Keine Enttäuschungen

Einmal zahm geworden, können Kanarien sogar ziemlich übermütig werden, an Ihren Haaren ziepen und Brotkrümel von Ihrem Teller picken. Penny lässt sich mittlerweile ohne Scheu von Karin aus nächster Nähe beim Baden und Fressen zuschauen. Versuchen Sie niemals, Ihren Kanarienvogel dabei mit der Hand zu ergreifen oder einzufangen!

1 Neugierig machen

Kanarienvögel sind von Natur aus neugierig und merken bald, dass der Mensch keine Gefahr darstellt. Aber überstürzen Sie nichts! Vermeiden Sie laute Geräusche, schnelle Bewegungen und alles, was die Vögel erschrecken könnte. Nähern Sie sich den Kanarien zunächst bei geschlossener Käfigtür. Bringen Sie Ihr Gesicht auf gleiche Höhe mit den Vögeln. Sprechen Sie leise zu ihnen oder flöten Sie ihnen ein paar Töne vor.

2 Liebe geht durch den Magen

Mögen Ihre Kanarien ein Stück Obst, Löwenzahn oder Kolbenhirse am liebsten? Geben Sie morgens noch kein neues Futter in den Käfig. Treten Sie statt dessen mit dem Leckerbissen in der Hand an den Käfig heran. Reden oder pfeifen Sie dabei beruhigend auf die Vögel ein. Halten Sie den Leckerbissen so, dass sich die Vögel über eine Sitzstange nähern können und Ihre Hand nicht berühren müssen, um von dem Futter zu picken.

3 An die Hand gewöhnen

Öffnen Sie vorsichtig die Käfigtür. Bleiben Sie mit Ihrer Hand, die einen Leckerbissen hält, noch außerhalb des Käfigs. Die Kanarien werden sich vorsichtig dem verlockenden Bissen nähern und daran knabbern. In den nächsten Tagen dürfen Sie Ihre Hand ganz allmählich weiter in den Käfig schieben. Halten Sie den Leckerbissen so, dass die Kanarien Ihren Fingern immer näher kommen müssen.

Freiflug im Zimmer

Kanarienvögel brauchen täglich für mehrere Stunden Freiflug im Zimmer, um gesund zu bleiben. Nur so können sie ihren großen Bewegungsdrang richtig ausleben und auch ihre angeborene Neugierde befriedigen. Einzige Ausnahme: Die Vögel leben bereits in einer großen Voliere, in der sie richtig fliegen können. Bevor die Kanarien ihren ersten Freiflug machen, sollten sie sich in ihrer neuen Umgebung eingewöhnt haben. Warten Sie also lieber ein bis zwei Wochen, bevor Sie die Käfigtüren offen lassen. Manchmal haben es die Kanarien nicht besonders eilig, wieder in ihr Heim zurückzukehren. Machen Sie aber nie den Fehler, sie einzufangen. Servieren Sie Ihnen das Futter grundsätzlich nur im Käfig, der Hunger und besondere Leckerbissen treiben sie sicher bald zurück.

Solch eine abwechslungsreiche Badelandschaft bringt viel Freude, braucht aber täglich frisches zimmerwarmes Wasser.

Pennys Versteck

Penny ist bei weitem schlauer und mutiger als Caruso. Wenn es zum Beispiel darum geht, etwas Neues zu erkunden, lässt Caruso Penny stets den Vortritt – und das sicher nicht, weil er ein Kavalier ist. Penny hat auch keine Scheu davor, auf meinem Kopf zu landen und an meinen Haaren zu ziepen, während Caruso in sicherem Abstand erst einmal abwartet, was mit dem Frechdachs Penny passiert. Abends, wenn es dunkel wird, kehrt Caruso freiwillig in den sicheren Käfig zurück. Penny dagegen locken manchmal weitere Abenteuer. Hin und wieder muss ich sie sogar einfangen. Dazu ziehe ich meinen langen, schwarzen Mantel an, setze eine Brille und einen dunklen Filzhut auf und „bewaffne“ mich mit einem Vogelkäscher. So verwandelt erkennen mich meine Kanarienvögel nicht, und das ist gut so, denn sonst wäre ihr Vertrauen zu mir erheblich gestört. Gestern Abend war es wieder einmal so weit. Entsprechend verkleidet kam ich ins Zimmer zurück. Doch wo war Penny geblieben? Ich suchte alle Winkel im Zimmer ab, schaute hinter und unter dem Schrank nach, aber Penny blieb verschwunden. Als mein Blick auf den roten Lampenschirm fiel, ging mir ein „Licht“ auf. Penny, mit ihrem roten Gefieder, hatte sich hinter dem roten Lampenschirm versteckt. Wirklich schlau – nur ihr Schatten hatte sie verraten.

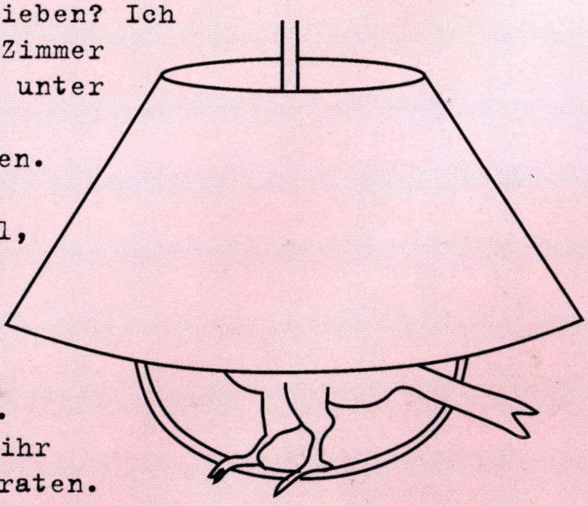

5 Fitness

Bis sich Jung-Didi so geschickt an der Knabberstange festhalten konnte, hat es einige Übung erfordert.

6 Kanarientaxi

Die automobile Zukunft ist auch für Didi und Winnie angebrochen. Besser gefahren, als gelaufen. Aber selber fliegen ist doch schöner.

Gefahrenquellen

➜ Türen und Fenster geschlossen halten (Gefahr des Wegfliegens).

➜ Herdplatten ausschalten, kein offenes Feuer (Verbrennungsgefahr).

➜ Keine hohen wassergefüllten Gefäße offen stehen lassen (Gefahr des Ertrinkens).

➜ Fensterscheiben mit Vorhängen oder Aufklebern bedecken (Gefahr des Genickbruchs).

➜ Keine Fliegenfänger aufhängen (Gefahr des Hängenbleibens).

➜ Chemikalien, Zigarettenkippen und giftige Pflanzen aus dem Zimmer verbannen (Vergiftungsgefahr).

➜ Schränke und Schubladen nicht offen stehen lassen (Verletzungsgefahr, Gefahr des Verhungerns).

1

Der Wett- streit

Caruso hat seinen guten Platz auf dem Portulak-Kranz energisch gegen den jungen frechen Didi verteidigt.

2

Bast- faden

So ein Bastfaden wäre doch auch bestens geeignet, um damit ein Nest zu bauen, findet Penny. Mit Ausdauer macht sie sich daran, ihn herauszuzupfen.

3

Blütenblätter-Dessert

Sonnenblumen verbergen nicht nur leckere Kerne, noch viel interessanter findet Jung-Didi die Blütenblätter. Mit Begeisterung zupft und knabbert er daran.

4

Badespaß

So ein erfrischendes Bad tut gut. Auf das tägliche Planschen möchte Caruso auf keinen Fall verzichten.

Spiel und Spaß

Kanarien sind immer neugierig. Mit großem Interesse nähern sie sich allem Neuen und untersuchen es. Wenn das dann auch noch essbar ist, sind sie begeistert. Die Vögel lassen ihre menschlichen Freunde – wie hier Hanna mit ihrem Vater – gerne an ihrem munteren Treiben teilhaben. Sie dürfen die quirligen Gesellen auch von nahem beobachten – solange sie ihnen nichts wegnaschen.

mit Kanarien-vögeln

have fun

2 Ring und Leiter

Schaukelnde Ringe und Leitern trainieren die Geschicklichkeit Ihrer Kanarienvögel.

3 Pflanzenampel

Frei im Zimmer hängend, bepflanzt mit Gras- und Bambusarten, bietet diese Ampel eine vitaminreiche Zusatzkost für die Vögel.

Spiellandschaft gestalten

Kanarien wollen gerne schaukeln, turnen und an Spielsachen picken. Als Baumaterialien für einen attraktiven Abenteuerspielplatz eignen sich Naturholz-Äste, dünne Seile, Bastfäden und sogar Bauklötzchen oder Perlen aus dem Kinderzimmer.

1 Spielplatz
Fertige Spielplätze oder so genannte Freisitze für Vögel bietet der Zoofachhandel an. Sie können gut auf das Käfigdach gestellt bzw. montiert werden.

Abenteuerspielplatz für Kanarien

Damit sich die Kanarienvögel wohl fühlen, sollten Sie für viel Abwechslung und »Entertainment« sorgen. Geben Sie ihnen Gelegenheit, zum Beispiel ihr Futter zu »erarbeiten«. In einem Pinienzapfen lassen sich gut allerhand Leckereien verstecken, die die Vögel dann herauspicken können.

Solch ein Sandspielplatz mit leckeren Überraschungen und Tuffsteinen zum Schnabel wetzen bietet viel Abwechslung.

Welcher Spieltyp ist mein Kanarienvogel?

Wenn Sie Ihre Kanarien genau beobachten, werden Sie schnell sehen, dass sie sich in ihrem Verhalten unterscheiden. Da gibt es den ganz besonders neugierigen, draufgängerischen und meist auch dominanten Entdecker (Typ I). Typ II dagegen ist vorsichtig, zurückhaltend und nachgiebig. Mit Hilfe dieser Fragen können Sie sich ein besseres Bild vom Wesen Ihrer Vögel machen.

	JA	NEIN
1 Alles Neue im Käfig wird sofort begutachtet und getestet.	○	○
2 Wenn die Käfigtür offen steht, nutzt der Kanari die Chance zum Freiflug nur zögerlich oder überhaupt nicht.	○	○
3 Der beste Platz zum Singen oder am Futter wird rigoros verteidigt.	○	○
4 Der Vogel lässt sich vertreiben, wenn ein anderer kommt und dort fressen will.	○	○
5 Der Kanari hat seine Scheu vor Ihnen relativ schnell überwunden und zeigt auch keine Angst vor Ihrer Hand.	○	○
6 Wenn Sie sich ihm nähern, flüchtet er oder unterbricht zumindest das Fressen.	○	○
7 Der Kanari putzt sich auch in Ihrer Gegenwart in aller Seelenruhe.	○	○
8 Er setzt sich lieber im Hintergrund alleine auf eine Stange.	○	○
9 Der Kanarienvogel fliegt immer auf Artgenossen zu und wird schnell zum Anführer.	○	○
10 Das Männchen setzt sich auf den höchsten Ast, singt lauthals und versucht alle anderen zu übertönen. Mitsänger werden oftmals gejagt.	○	○

Auflösung: Ihr Kanarienvogel gehört zum Typ I, wenn Sie die Fragen 1, 3, 5, 7, 9 und 10 mit Ja beantwortet haben. Er entspricht eher Typ II, wenn Sie die Fragen 2, 4, 6, und 8 bejaht haben.

6 Gemüsespieß

Auf die Äste können Sie allerlei Gemüse- und Obststücke spießen bzw. festklemmen. Gut geeignet sind Gurken, Melonenstücke, Erdbeeren und Apfelschnitze.

7 Nestbau

Geflochtene Nester aus Naturmaterialien werden von den Kanarien gerne als Brutplätze angenommen. Sharpie-Fäden (aus dem Zoofachgeschäft) verwenden Kanarien gerne zum Auspolstern des Nestes.

4 Getreidemix

Ein Sträußchen aus verschiedenen Getreideähren und Hirse lässt sich als anregender Knabberspaß an vielen Stellen platzieren.

5 Fitness-Parcours

Hier finden Kanarien alles, was ihr Herz begehrt: eine Strickleiter zum Klettern und Schaukeln, Seile zum Balancieren und Turnen. Das Futter muss aus Schalen, Körbchen oder Holzwürfeln herausgepickt werden.

Beschäftigung hält fit

Eines gleich vorweg: Spielen wie mit Ihrem Hund oder Ihrer Katze können Sie mit Ihren Kanarien nicht. Junge Kanarienvögel tollen nicht umher – das wäre in der freien Natur für die kleinen Vögel viel zu gefährlich. Deshalb ist auch den erwachsenen Vögeln ein »Spielen« in unserem menschlichen Sinn fremd. Alles was sie tun, ist zweckgerichtet. Wenn Sie Ihren Vögeln z. B. einen »Badespielplatz« einrichten, baden die Vögel, um ihr Gefieder zu pflegen und nicht, weil das Wasserbad so lustig ist. Aber es macht viel Spaß, die fidelen Gesellen bei ihrem Tun zu beobachten und ihnen immer wieder neue Beschäftigungsanreize zu geben.

Das macht Kanarien Spaß

1. Befestigen Sie ein Seil, so dick wie Ihr kleiner Finger, locker im Käfig, so dass eine Art Schaukel entsteht. Ein Seilende darf höher als das andere angebracht sein. Die Kanarien werden darauf gerne ihren Gleichgewichtssinn testen. Natürlich können Sie eine solche schwingende Landebahn auch irgendwo im Zimmer aufhängen. Noch attraktiver wird das Seil, wenn Sie daran ein Sträußchen mit Wildpflanzen befestigen.

2. Schneiden Sie Zweige ungiftiger Bäume und Sträucher ab und stellen Sie sie in eine fest stehende Vase. Mit Begeisterung werden sich die Kanarien darauf stürzen und daran knabbern.

3. Auf ein Regal oder einen Tisch, der bevorzugter Landeplatz beim Freiflug ist, legen Sie Papierkügelchen, einen Flaschenkorken oder einen Tischtennisball. Zeigen Sie den Vögeln, wie die Gegenstände durch leichtes Anstupsen rollen und runterfallen.

Als geschickte Flugkünstler haben diese beiden Kanarien schnell gelernt, durch die herzförmige Öffnung im Seidenpapier zu fliegen.

Der Wohlfühl-Test für Ihren Liebling

Wie viele Stunden pro Tag darf Ihr Vogel frei fliegen?	**Keine** *0 Punkte*	**1 Stunde** *1 Punkt*	**Mehrere Stunden** *3 Punkte*
Wie lange singt Ihr Kanarienmännchen im Frühjahr und im Sommer pro Tag?	**Kaum** *0 Punkte*	**1 Stunde** *1 Punkt*	**Fast ständig** *3 Punkte*
Wie oft füttern Sie frisches Grünzeug wie Löwenzahn oder Keimlinge?	**Täglich** *3 Punkte*	**2 x wöchentlich** *1 Punkt*	**Selten** *0 Punkte*
Kämpfen die Kanarien miteinander?	**Nie** *3 Punkte*	**Selten** *2 Punkte*	**Dauernd** *0 Punkte*
Wie viele Artgenossen hat der Kanari als Gesellschaft?	**Keinen** *0 Punkte*	**Einen Partner** *2 Punkte*	**Mehrere** *3 Punkte*
Wie reagieren die Vögel auf Sie?	**Kommen näher** *3 Punkte*	**Bleiben sitzen** *2 Punkte*	**Fliegen weg** *0 Punkte*
Putzt der Vogel sein Gefieder?	**Mehrmals täglich** *3 Punkte*	**Selten** *0 Punkte*	
Wie reagiert der Kanari auf Neues wie Zweige mit Blättern oder Wildkräuter?	**Uninteressiert** *0 Punkte*	**Knabbert dran** *2 Punkte*	
Haben die Kanarien Gelegenheit für ein Bad in sauberem Wasser?	**Ja, immer** *3 Punkte*	**Nein, nie** *0 Punkte*	**Selten** *0 Punkte*
Sitzt der Kanari tagsüber ruhig und rund auf der Stange oder auf dem Boden?	**Sehr häufig** *0 Punkte*	**Selten** *1 Punkt*	**Nie** *3 Punkte*

0–8 Punkte: Den Kanarien geht es überhaupt nicht gut. Sie sollten sich mehr um Ihre Vögel kümmern! **9–15 Punkte:** Die Vögel fühlen sich in Ihrer Obhut schon einigermaßen wohl. Aber wenn Sie noch mehr auf ihre Belange eingehen, können Sie erreichen, dass es ihnen noch viel besser geht; **16–20 Punkte:** Die Tiere fühlen sich wohl, aber es gibt doch noch einige Punkte zu verbessern; **21–29 Punkte:** Das Wohlergehen Ihrer Kanarien liegt Ihnen sehr am Herzen, weiter so!

Flucht vor dem „Feind“

Fred ist ein langjähriger Freund. Letzte Woche rief er an, weil er gerade in der Stadt war und mich abends besuchen wollte. Ich freute mich riesig. Caruso und Penny durften heute länger als sonst frei im Zimmer umherfliegen. Schließlich kannte Fred die beiden. Heute wollte ich ihm vorführen, wie Penny sofort auf meine Schulter geflogen kommt, wenn ich sie mit Namen rufe. Endlich stand Fred vor mir. Freudig führte ich ihn ins Wohnzimmer. Doch kaum sahen Penny und Caruso meinen Freund, schossen sie wie die Pfeile in ihren Käfig. Ihr Verhalten war mir ein Rätsel. Was hatte die beiden nur so erschreckt? Fred grinste mich an und meinte dann: „Na, sehr zahm scheinen deine Kanarienvögel aber nicht zu sein, im Gegenteil, letztens kamen sie mir viel zutraulicher vor.“ Irgendwie war ich enttäuscht, denn eigentlich wollte ich heute sogar ein wenig mit Caruso und Penny angeben. Grübelnd bat ich Fred, seinen Mantel auszuziehen. Erst, als er mir auch noch seinen schwarzen Filzhut in die Hand drückte, wusste ich plötzlich, was in meinen Kanarienvögeln vorgegangen war. Sie hatten die Gestalt mit dem langen schwarzen Trenchcoat und dem Hut gesehen und haarscharf daraus geschlossen, dass sie eingefangen werden sollten. Genau so „verkleidete“ ich mich nämlich, wenn ich sie ausnahmsweise – gegen ihren Willen – in den Käfig zurückbringen wollte.

TIPP vom ZOOHÄNDLER

Falls Sie einen Kanari doch einmal fangen müssen, verändern Sie Ihr Aussehen so, dass Ihr kleiner Freund Sie nicht wieder erkennt: z.B. mit fremder Kleidung, Hut, Perücke, Maske oder Brille. Sprechen Sie nicht dabei. So verbindet Ihr Vogel den Schrecken nicht mit Ihnen.

4. Aus Natur-Bast können Sie eine dicke Quaste basteln und in den Käfig oder ins Zimmer hängen. Die Kanarien werden gerne einzelne Bastfäden heraus zupfen.

5. Bauen Sie einen standsicheren Vogelbaum, der den Kanarien als Ausflugsziel bei den Freiflügen dient und an dem sie Leckereien finden.

6. Unterhalten Sie Ihre Vögel mit schöner, melodischer Musik wie Klassik oder Musicals.

7. Üben Sie mit den kleinen Sängern, dass sie auf Zuruf auf Finger oder Schulter fliegen. Das Ziel erreichen Sie am leichtesten mit Hilfe der Lieblings-Leckerei.

8. Sie können Ihren Kanarien schnell beibringen, beim Essen auf dem Tisch zu sitzen. Von Gemüse, Kartoffeln, Nudeln, Reis, Salat, Obst, Ei, Quark, Honig, Brotkrumen und Kuchenkrümeln dürfen sie naschen. Aber geben Sie ihnen nichts Salziges, stark Gewürztes oder Fettiges.

9. Falls Sie einen Hund haben, der den Kanarien nicht nachstellt, können Sie Ihre Vögel beim Bürsten »helfen« lassen. Vor allem zur Brutzeit sammeln sie mit Begeisterung die Hundehaare ein und tragen sie in ihren Käfig.

10. Geben Sie Ihren Kanarien regelmäßig Gelegenheit, von Fenster, Balkon oder Terrasse aus das Leben draußen zu beobachten.

Kanarien und Wellensittiche sind nur selten gut geeignete Partner. Der kräftige Papageienschnabel kann den kleineren Sängern schnell gefährlich werden.

Glücklich und aktiv im Alter

Micki, der Harzer Roller, ist mit seinen zwölf Jahren schon ein Kanarien-Ur-Ur-Opa. Aber das sieht man ihm nicht an. Er ist munter und neugierig wie eh und je. Wenn Kanarienvögel genug Bewegung haben und abwechslungsreich ernährt werden, bleiben sie fit bis ins hohe Alter. Auch mit seinen Flugkünsten und bei den Turnübungen auf der Suche nach Leckerbissen steht Micki den Jüngeren in nichts nach.

old & happy

Wie alt werden Kanarienvögel?

Mit acht Jahren gehören Kanarienvögel bereits zu den älteren Semestern. Züchter schicken ihre Kanarien meist schon nach sechs Jahren »in Rente«. Das anstrengende Brutgeschäft wird dann zu viel für sie und ältere Vögel sind oft unfruchtbar. In großen Gemeinschafts-Volieren dürfen sie nun nach Herzenslust fliegen und ihren Lebensabend genießen. Kanarienvögel können bis zu 15 Jahre alt werden. Sicherlich gibt es in der freien Natur nur selten Kanarienvögel mit einem so hohen Alter. Denn sie haben viele Feinde. Sobald ihre Schnelligkeit und Aufmerksamkeit nachlassen, werden sie leicht zur Beute eines Greifvogels oder anderen Raubtieres. Überleben können Kanarien draußen auch nur so lange, wie sie stark genug sind, weite Strecken zu fliegen, um sich ihr Futter an verschiedenen Plätzen zusammenzusuchen. Dagegen ist der Tisch für sie beim Menschen immer reichlich gedeckt. Die Ruheständler brauchen sich nicht um Feinde und ihre Ernährung sorgen. In der Obhut des Menschen können sie »old and

Was sich im Alter ändert

→ Verhalten:
Keine offensichtliche Verhaltensänderung. Die Neugierde nimmt etwas ab, und die Kanarien werden insgesamt ruhiger.

→ Bewegung:
Die Kanarienvögel hüpfen und fliegen immer noch munter umher, kaum anders als in jungen Jahren.

→ Körperhygiene:
Auch alte Kanarien putzen sich regelmäßig und häufig. Achten Sie auf Milbenbefall, besonders an den Beinen.

→ Gefieder:
Das Federkleid verändert sich in der Farbe nicht und behält auch meist seinen Glanz.

→ Ernährung:
Senioren-Kanarien brauchen die gleiche Futtermenge und Zusammensetzung wie früher (außerhalb der Brutzeit). Eifutter bitte zurückhaltend dosieren!

→ Sehen und Hören:
Es gibt keine Untersuchungen darüber, ob die Sehkraft der Vögel im Alter nachlässt. Da sie ihr Futter aber vor allem mit Hilfe der Augen finden, ist dies eher unwahrscheinlich. Ob die Hörkraft nachlässt, ist ebenfalls nicht bekannt.

→ Krankheiten:
Typische Alterserkrankungen sind nicht bekannt. Die Vögel werden aber anfälliger, auch für Parasiten, und bekommen manchmal Tumore.

happy« werden. Ob sie ein hohes Alter erreichen, hängt aber auch ganz wesentlich davon ab, welche Lebensbedingungen ihnen geboten werden. Falsche Haltung in engen Käfigen und zu wenig Bewegung verkürzen das Leben drastisch. Aktive Vögel dagegen haben gute Chancen, glücklich und alt zu werden.

Woran Sie einen alten Kanarienvogel erkennen

Einem gesunden Kanarienvogel sieht man sein Alter nicht an. Kanarien bekommen keine grauen Federn oder Falten wie der Mensch. Das Federkleid wird in jedem Spätsommer bei der Mauser erneuert, verändert aber seine Farbe kaum. Allenfalls wird es vielleicht etwas stumpfer. Ob der Kanari zehn Monate oder zehn Jahre alt ist, lässt sich äußerlich nicht unterscheiden. Sobald der Jungvogel im Alter von sechs bis acht Monaten sein Erwachsenen-Federkleid angelegt hat, ist für uns Menschen kaum mehr zu erkennen, wie alt er wirklich ist. Die Füße können bei der Frage, ob Jung oder Alt, anfangs allerdings noch einen kleinen Hinweis geben: Die Haut ist beim Jungtier glatt und weich, bei älteren Vögeln wird sie etwas rauer und schuppiger.

Der tägliche Freiflug ist auch im Alter ein unbedingtes Muss.

TIPP vom TIERARZT

Krallen und Schnabel wachsen manchmal bei älteren Kanarien sehr stark. Sie behindern den Vogel beim Fressen und Festklammern. Ursache sind wahrscheinlich Hormon- und Stoffwechselveränderungen. Lassen Sie lange Schnäbel und Krallen vom Tierarzt kürzen.

Bis hinein ins hohe Alter bleiben die Kanarien temperamentvoll und munter und trällern ihre Lieder. Der genaue Beobachter stellt vielleicht fest, dass ihre Neugierde und die Streitlust möglicherweise etwas nachgelassen haben und Ausflüge kürzer geraten. Ob es ihnen schwerer fällt, längere Strecken zu fliegen, ob sie weniger beweglich werden oder ob das Reaktionsvermögen, die Sehkraft oder das Gehör nachlassen, können wir ihnen nicht ansehen. Denn Vögel sind Meister im Verbergen von Unpässlichkeiten. Dieses Verhalten ist eine natürliche Verteidigungsstrategie. Beutegreifer versuchen zuerst, aus einem Schwarm schwache Vögel herauszufangen. Würde ein Vogel seine Schwäche zu erkennen geben, wäre er sofort Ziel des Angriffs. Deshalb fallen die Senioren in einem Schwarm auch nicht weiter auf. Es ist allerdings zu vermuten, dass Kanarien, wie andere Lebewesen auch, gewisse Alterserscheinungen haben und mit manchen »Zipperlein« zurechtkommen müssen. Sicher ist jedoch, dass ältere Tiere anfälliger werden für den Befall mit Milben und für andere Erkrankungen. Das Immunsystem ist wahrscheinlich nicht mehr so schlagkräftig gegen Krankheitserreger wie in jungen Jahren. Deshalb sollten Sie Ihre gefiederten Freunde im Seniorenalter ganz besonders aufmerksam beobachten. Achten Sie auch auf Hautveränderungen an den Füßen und Beinen. Hier machen sich gerne Grabmilben breit. Die Nahrungsgewohnheiten ändern sich im Alter nicht. Wichtig ist, dass die Vögel weiterhin mit genügend Vitaminen und Mineralien versorgt werden, andererseits aber nicht zu viel fettreiche Körner erhalten.

Wie Kanarienvögel sterben

Die meisten Kanarien sind bis kurz vor ihrem Tod gesund und munter. Am Morgen findet man den kleinen Körper plötzlich tot auf dem Boden liegend, ohne besondere Vorwarnungen. Manchmal kann man allerdings ahnen, dass es zu Ende gehen wird, wenn der Kanari aufgeplustert auf der Stange sitzt, wenig Interesse an seiner Umgebung zeigt und auch durch Leckerbissen nicht zu locken ist. Kurz vor dem Tod hüpft der Vogel dann auf den Boden, hockt sich aufgeplustert und dösend in eine Ecke und hört dann irgendwann einfach auf zu atmen. Natürlich wissen wir nicht, was in einem Vogel dann vor sich geht. Ob er leidet, oder ob er den Tod einfach annimmt. Einen »Todeskampf« scheint es jedenfalls nicht zu geben. Das Sterben dauert im Allgemeinen nur wenige Stunden. Die Stoffwechselvorgänge bei einem Kanarienvogel laufen viel schneller ab als bei Menschen oder Hund und Katze. Schwere Krankheiten führen deshalb auch oft ohne langen Leidensweg direkt zum Tod. Einen alten Vogel sollten Sie dann auch in Ruhe sterben lassen. Meist ist es nicht nötig, ihn beim Tierarzt einschläfern zu lassen. Anders ist die Situation jedoch eventuell im Falle einer tumorösen Erkrankung oder bei einem schweren Unfall. Wenn mit einem langen Siechtum gerechnet werden muss, sollten Sie zusammen mit Ihrem Tierarzt entscheiden, ob und wann der Vogel durch eine einschläfernde Injektion von seinen Leiden erlöst werden kann. Allerdings liegen Leben und Tod oft eng beieinander. Auch schwerkranke jüngere Vögel hocken apathisch auf dem Boden und können doch noch durch einen sofortigen Gang zum Tierarzt gerettet werden.

Abschied vom Tier

Wenn Sie den Verlust Ihres gefiederten Freundes erleben müssen, ist es völlig normal, dass Sie Trauer empfinden. Der Vogel hat Sie viele Jahre Ihres Lebens begleitet. Der Kanari hat Ihren Alltag bereichert, er ist zu einem Familienmitglied geworden und auf einmal ist dort eine große Leere. Lassen Sie diese Trauer ruhig zu und wehren Sie sich nicht gegen Ihre Gefühle. Während Erwachsene ihren Schmerz um ein Heimtier aber im Allgemeinen relativ schnell bewältigen, kann für Kinder die erste Begegnung mit dem Tod eines geliebten Freundes ein Schock sein. Kinder haben zu einem Heimtier oft eine sehr enge Be-

An diesem Wasserspielplatz vergnügen sich Jung und Alt gleichermaßen.

ziehung aufgebaut. Mit viel Einfühlungsvermögen müssen die Eltern ihnen helfen, über den Verlust hinwegzukommen. Es ist wichtig, dass man ihre Gefühle ernst nimmt und ihnen gut zuhört. Bitte versprechen Sie nicht gleich ein »Ersatztier«. Daraus würde das Kind entnehmen, dass man Tiere beliebig austauschen kann. Es sähe sich in seinen tiefen Empfindungen für den verstorbenen Freund auch überhaupt nicht ernst genommen. Der Abschied wird leichter, wenn es eine richtige Beerdigung gibt. Einen kleinen Kanarienvogel kann man im Garten oder auf einer großen Wiese an einer geeigneten Stelle vergraben. Das ist tröstlicher als die anderen Möglichkeiten des »Entsorgens«. Vielleicht findet sich ein winziger Karton, eine hübsche Papierserviette, in der der Vogel seinen letzten Weg antreten kann. Die Grabstelle kann mit einer besonders schönen Blumenstaude oder einem interessanten Stein markiert werden.

Auf dem schwingenden Weidenkranz, der mit Portulak als Leckerbissen für die Kanaris »geschmückt« ist, können die Vögel auch ihren Gleichgewichtssinn trainieren.

Verlust des Partners

Was ein Kanarienvogel empfindet, wenn sein Partner stirbt, wissen wir nicht. Wir können nur beobachten, dass der überlebende Kanari sichtlich verwirrt ist und seinen Partner ruft und sucht. Glücklicherweise leben Kanarien in der Natur aber nicht in solchen engen lebenslangen Partnerschaften wie beispielsweise Wellensittiche. Nach der Brutzeit gesellen sich alle zu großen Schwärmen. Manchmal finden die alten Partner im nächsten Jahr wieder zusammen. Aber sie sind auch bereit, eine neue Partnerschaft einzugehen. Deshalb ist es sinnvoll, dem zurückgelassenen Kanarienvogel bald einen Ersatzpartner zu besorgen. Denn ein Kanari braucht die Gesellschaft von Artgenossen. Der Zurückgebliebene wird sich wahrscheinlich schnell an einen neuen Mitbewohner gewöhnen. Versuchen Sie, einen jungen Vogel bis zu einem Alter von rund zwölf Monaten zu bekommen.

Mozart-Fans

Mein Wohnzimmer besteht eigentlich aus zwei Räumen, die durch einen halbrunden Durchgang verbunden sind. In einer Hälfte dürfen Caruso und Penny nach Herzenslust fliegen, die andere Hälfte ist für die beiden allerdings tabu. Hier steht mein wundervoller Flügel, ein Erbstück, auf dem ich keine Vogelspuren haben möchte. Deshalb hatte ich den Durchgang mit einem Vorhang verschlossen. Eines Nachmittags packte mich wieder einmal die Lust, Klavier zu spielen. Sorgfältig schloss ich den Vorhang hinter mir, damit Caruso und Penny mir nicht folgen konnten. Mit geschlossenen Augen interpretierte ich gerade eine besonders mitreißende Passage des Klavierstückes von Mozart. Als ich die Augen aufmachte, schaute ich direkt auf Penny und Caruso, die mit schief gehaltenen Köpfchen vor mir auf dem Klavier saßen. Offenbar waren sie ausgesprochene Mozart-Fans. Ich blickte zum Vorhang und sah, dass ich ihn einen winzigen Spalt offen gelassen hatte, gerade genug für Caruso und Penny, um sich hindurchzuquetschen. Böse sein konnte ich den beiden nicht, denn sie hatten ja nur meine Unachtsamkeit ausgenutzt. Am nächsten Tag kaufte ich den beiden eine CD mit verschiedenen klassischen Musikstücken. Mittlerweile „schwärmen" Caruso und Penny eher für Vivaldi und Händel. Caruso hat sogar schon einige Tonfolgen in sein Gesangsrepertoire aufgenommen.

Register

Die **halbfett** gesetzten Seitenzahlen verweisen auf Farbfotos

Naturholz-Äste mit Blüten lieben alle Kanarien.

Sigrun Rittrich-Dorenkamp
arbeitet als Journalistin für Zeitschriften, Zeitungen und TV. Sie hat außerdem verschiedene Dokumentarfilme gedreht und mehrere Bücher geschrieben. Mit ihrem Mann, einem Tierarzt, ihren fünf Kindern und vielen Tieren lebt sie in Ostwestfalen. Ihre Tierärztliche Klinik hat sich unter anderem auf Vögel spezialisiert.

Monika Wegler
gehört zu den besten Heimtierfotografen Europas. Sie arbeitet außerdem als Journalistin und Tierbuch-Autorin. Alle Aufnahmen dieses Ratgebers stammen von ihr.

Gabriele Linke-Grün
arbeitet seit vielen Jahren als freie Jounalistin für die GU-Naturbuchredaktion, verschiedene Tierzeitschriften und Schulbuchverlage. Sie schrieb die Kanarien-Erlebnisse.

Adressen

- AZ (Vereinigung für Artenschutz, Vogelhaltung und Vogelzucht) e.V., Postfach 1168, 71501 Backnang (Anfragen nur schriftlich)
- Blauer Kreis Zoologische Gesellschaft Österreichs für Tier- und Artenschutz, Goldschlagstr. 15, A-1150 Wien
- Fragen zur Vogelhaltung beantworten auch: Ihr Zoofachhändler und der Zentralverband Zoologischer Fachbetriebe Deutschlands e.V.(ZZF), 63225 Langen, Tel.: 06103/910732 (nur telefonische Auskunft möglich)
- Der ZZF hat einen bundesweiten Suchdienst für entflogene Vögel eingerichtet. Alle beringten Vögel können auf Grund der Fußringe identifiziert und ihrem Besitzer zugeordnet werden.

Zeitschriften und Broschüren

- Gefiederte Welt, Eugen Ulmer Verlag GmbH & Co., Stuttgart
- Die Voliere, Verlag M. & H. Schaper, Alfeld

Dank

Fotografin und Verlag danken Herrn Lutz Bartuschek dafür, dass er seine Kanarienvögel als Modelle für diesen Ratgeber zur Verfügung gestellt, die Vögel trainiert und der Fotografin mit Rat und Tat zur Seite gestanden hat.

Impressum

Redaktion: Anita Zellner, Gabriele Linke-Grün
Umschlaggestaltung und Layout: Heinz Kraxenberger
Satz/Herstellung: Heide Blut
Produktion: Susanne Mühldorfer
Reproduktion: w&co
Druck und Bindung: Stürtz

Printed in Germany

ISBN: 3-7742-1269-4

Auflage:	4.	3.	2.	1.
Jahr:	03	02	01	2000

Das Original mit Garantie

Ihre Meinung ist uns wichtig. Deshalb möchten wir Ihre Kritik, gerne aber auch Ihr Lob erfahren. Um als führender Ratgeberverlag für Sie noch besser zu werden. Darum: Schreiben Sie uns! Wir freuen uns auf Ihre Post und wünschen Ihnen viel Spaß mit Ihrem GU-Ratgeber.

Unsere Garantie: Sollte ein GU-Ratgeber einmal einen Fehler enthalten, schicken Sie uns bitte das Buch mit einem kleinen Hinweis und der Quittung innerhalb von sechs Monaten nach dem Kauf zurück. Wir tauschen Ihnen den GU-Ratgeber gegen einen anderen zum gleichen oder ähnlichen Thema um.

Ihr Gräfe und Unzer Verlag
Redaktion Natur
Stichwort: Aus Liebe zum Tier
Postfach 860325
81630 München
Fax: 089/41981-113
e-mail:
leserservice@graefe-und-unzer.de

AUS LIEBE ZUM TIER

damit Ihr Heimtier sich wohl fühlt

Besuchen Sie uns im Internet:

GU TIER CLUB

www.gu-tierclub.de

ISBN 3-7742-2638-5
64 Seiten

ISBN 3-7742-1249-X
64 Seiten

ISBN 3-7742-3051-X
64 Seiten

WEITERE LIEFERBARE TITEL:

- In der Reihe TIERRATGEBER:
  Wellensittiche, Unzertrennliche, u.a.
- In der Reihe MEIN HEIMTIER:
  Der Kanarienvogel, Der Wellensittich, u.a.

GU

Gutgemacht. Gutgelaunt.

So ist mein Kanarienvogel

Es kann vorkommen, dass Sie plötzlich verreisen müssen oder krank werden. Dann muss ein anderes Familienmitglied oder ein Nachbar kurzfristig die Pflege Ihrer Kanarienvögel übernehmen. Hier haben Sie die Möglichkeit, die Besonderheiten Ihrer kleinen Freunde einzutragen.

So heißen meine Kanarienvögel:

1 ....

2 ....

Das sind ihre Gefiederfarben:

1 ....

2 ....

Das ist ihr Lieblingsfutter:

1 ....

2 ....

Damit beschäftigen sie sich am liebsten:

1 ....

2 ....

Das mögen sie besonders gern:

1 ....

2 ....

Davor haben sie Angst:

1 ....

2 ....

Das können meine Kanarienvögel:

1 ....

2 ....